Comparar insectos

Los insectos en movimiento

Charlotte Guillain

Heinemann Library
Chicago, Illinois

www.heinemannraintree.com
Visit our website to find out
more information about
Heinemann-Raintree books.

To order:

☎ Phone 888-454-2279

💻 Visit www.heinemannraintree.com
to browse our catalog and order online.

Edited by Rebecca Rissman and Catherine Veitch
Designed by Joanna Hinton-Malivoire
Picture research by Elizabeth Alexander
Production by Duncan Gilbert and Victoria Fitzgerald
Originated by Heinemann Library
Printed and bound in China by Leo Paper Group
Translation into Spanish by DoubleOPublishing Services

14 13 12 11 10
10 9 8 7 6 5 4 3 2 1

Library of Congress Cataloging-in-Publication Data
Guillain, Charlotte.
 [Bugs on the move. Spanish]
 Los insectos en movimiento / Charlotte Guillain. —1st ed.
    p. cm.—(Comparar insectos)
 Includes bibliographical references and index.
 ISBN 978-1-4329-4324-0 (hc)—ISBN 978-1-4329-4331-8 (pb)
 1. Insects—Juvenile literature. 2. Insects—Behavior—Juvenile literature.
 I. Title.
 QL467.2.G85718 2011
 595.715'7—dc22   2010007336

Acknowledgments
The author and publishers are grateful to the following for permission
to reproduce copyright material: Alamy pp. **15** (© Arco Images GmbH),
18 (© mike lane), **21** (© blickwinkel); Corbis pp. **7** (© Ludovic Maisant),
14 (© Papilio); FLPA pp. **8** (Thomas Marent/Minden Pictures), **10** (Michael
Durham/Minden Pictures), **20** (Foto Natura Stock), **23 middle** (Foto
Natura Stock); iStockphoto pp. **6** (© Alasdair Thomson), **16** (© Robert
Harnden), **22 left** (© Tomasz Zachariasz), **23 top** (© Alasdair Thomson);
Photolibrary pp. **4** (moodboard), **5** (Motor-Presse Syndication /Superstock),
11 (Paulo de Oliveira/OSF), **12** (Anton Luhr/imagebroker.net), **13** (Satoshi
Kuribayashi/OSF), **17** (André Skonieczny/imagebroker.net), **19** (Colin
Milkins/OSF); Shutterstock pp. **9** (© orionmystery@flickr), **22 top right** (©
Potapov Alexander), **22 bottom right** (© Dole), **23 bottom** (© Yellowj).

Cover photograph of leaping grasshoppers reproduced with permission of
NHPA (Stephen Dalton). Back cover photograph of an ant reproduced with
permission of Shutterstock (© orionmystery@flickr).

The publishers would like to thank Nancy Harris and Kate Wilson for their
assistance in the preparation of this book.

Every effort has been made to contact copyright holders of any material
reproduced in this book. Any omissions will be rectified in subsequent
printings if notice is given to the publisher.

Contenido

Conoce los insectos

Hay muchos tipos de insectos.

Los insectos se mueven de muchas formas.

Reptar y correr

Algunos insectos reptan.

Algunos insectos corren rápido.

patas

Los milpiés corren con muchas patas.

patas

Las hormigas corren en seis patas.

Saltar

Los saltamontes pueden saltar.

Las pulgas pueden saltar
grandes distancias.

patas traseras

Los grillos pueden saltar con sus dos
patas traseras fuertes.

La araña saltadora tiene ocho patas
fuertes que la ayudan a saltar.

Volar

Muchos insectos pueden volar.

ala

Usan alas para volar.

La polilla esfinge vuela rápidamente.

Los abejorros vuelan lentamente.

Nadar

Muchos insectos pueden nadar en el agua.

patas traseras

Los escarabajos acuáticos nadan con sus patas traseras.

Los chinches barqueros nadan bajo el agua.

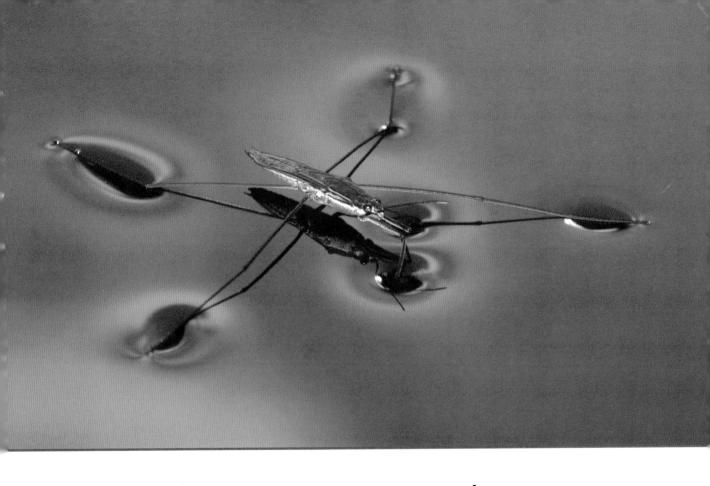

Los zapateros se mueven sobre
el agua.

¿De qué tamaño?

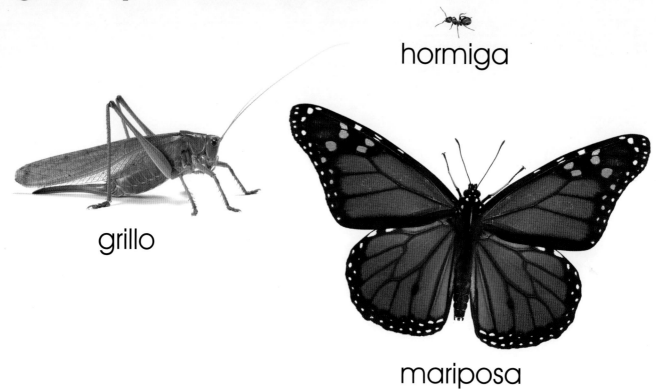

hormiga

grillo

mariposa

Observa el tamaño que pueden tener algunos de los insectos presentados en este libro.

Glosario ilustrado

 **reptar** avanzar arrastrando el cuerpo cerca del suelo

 **zambullirse** entrar al agua de cabeza

 **insecto** criatura muy pequeña que tiene seis patas

Índice

Nota a padres y maestros

Antes de leer

Haga con los niños una lista de animales que incluya insectos, arácnidos (p. ej., arañas), crustáceos (p. ej. cochinillas), miriápodos (p. ej. ciempiés y milpiés) y lombrices de tierra. ¿Saben cómo se mueve cada insecto? ¿Pueden nombrar algunos insectos voladores? ¿Conocen insectos que repten o naden?

Después de leer

- Escuchen *El vuelo del abejorro* de Rimsky-Korsakov. Antes de escucharla, no les diga a los niños el nombre de esta pieza musical y pídales que adivinen a qué insecto se refiere la música. Después, dígales el nombre de la pieza y pregúnteles si creen que sonaba como un abejorro. También pueden escuchar *Las avispas* de Vaughan Williams.
- Inventen juntos un baile de insectos. Pida a los niños que caminen rápidamente y repten lentamente, que salten y que hagan como si volaran y nadaran. Pueden hacer máscaras y trajes de insectos para representar este baile.
- Lleve a los niños afuera para buscar insectos en movimiento. Ayúdelos a quitar la corteza de los troncos podridos, a mirar bajo las piedras, a buscar lombrices en el suelo o a hallar orugas en las hojas, y también a buscar insectos voladores. ¿Qué tipos de insectos pueden hallar? ¿Cómo se mueven? Ayude a los niños a realizar comparaciones entre los diferentes insectos.